献 礼 张 家 港 建 (县) 市 六 十 周 年

筑梦港城

张家港市住房和城乡建设局 编

广陵书社

图书在版编目（CIP）数据

筑梦港城 : 献礼张家港建（县）市六十周年 / 张家
港市住房和城乡建设局编. -- 扬州 : 广陵书社,
2022.12
ISBN 978-7-5554-1932-7

Ⅰ. ①筑… Ⅱ. ①张… Ⅲ. ①城市建设－研究－张家
港 Ⅳ. ①F299.275.33

中国版本图书馆CIP数据核字(2022)第212404号

书　　名　筑梦港城——献礼张家港建(县)市六十周年
编　　者　张家港市住房和城乡建设局
责任编辑　罗晶菊

出版发行　广陵书社
　　　　　扬州市四望亭路 2-4 号　　　　邮编　225001
　　　　　(0514)85228081（总编办）　　85228088（发行部）
　　　　　http:// www.yzglpub.com　　E-mail : yzglss@163.com

印　　刷　张家港市汇丰印刷有限公司

开　　本　889 毫米 ×1194 毫米　1/12
印　　张　16
字　　数　50 千字
版　　次　2022 年 12 月第 1 版
印　　次　2022 年 12 月第 1 次印刷
标准书号　ISBN 978-7-5554-1932-7
定　　价　258.00 元

编委会

序

岁月激荡、风雨兼程，这是六十年春华秋实的壮丽诗篇，是一甲子破浪致远的拼搏组歌，是一代代长江儿女上下求索、开拓创新，于时代潮头、长江之畔留下的昂扬身影和不凡足迹。

1962 年，沙洲县初设，由常熟县划出 14 个公社和国营常阴沙农场，又从江阴县划出 9 个公社，合计 24 个公社（场）组成。1986 年，撤县建市，更名张家港市。六十年来，在这块曾被戏称为"苏南边角料"的土地上发生了翻天覆地的变化，历经六十年奋斗，一穷二白的小城如今已发展成为江尾海头的一颗璀璨明珠，成为享誉全国的文明典型。

岁月嬗递，时光变迁，不变的是江潮涌动、如磐信念，从"穷沙洲"到"明星城"，"团结拼搏、负重奋进、自加压力、敢于争先"的"张家港精神"，历久弥新、光彩夺目。

树高千尺有根，水流万里有源。《筑梦港城——献礼张家港建县（市）六十周年》画册，集之城市光影，张以精神内在，从黑白到多彩、从贫乏到丰繁、从落后到引领，回顾城市发展足迹，记录甲子蝶变，在回眸来路的新起点上，砥砺筑梦前行的力量。

蒋鹏

2022 年 9 月

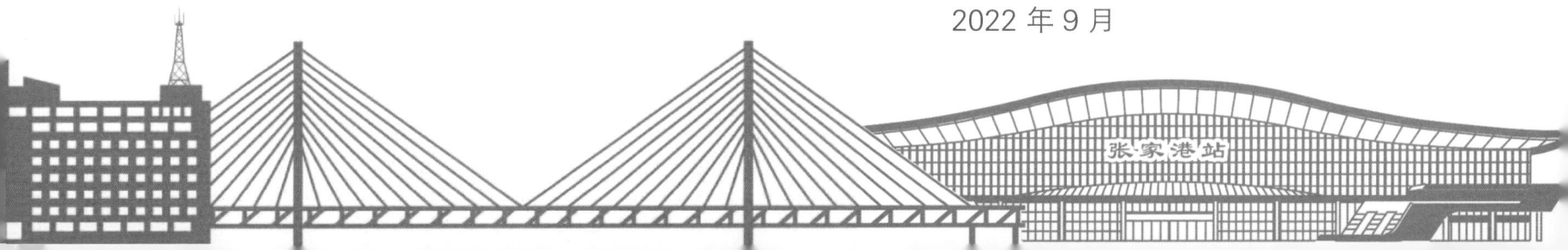

目录
CONTENTS

城市风貌
CHENGSHI FENGMAO

暨阳湖

　　暨阳湖是利用沿江高速公路集中取土之废基，经人工开挖而成，其中中心湖区 1.56 平方公里。碧波荡漾的暨阳湖、绿地成荫的野生岛、集聚人气的金沙滩、蜿蜒曲折的荷塘栈道，充分体现了现代园林生态特色，吸引了广大市民和游客前来观光休闲。

张杨公路

　　"要想富，先修路。"张杨公路的前身是一条羊肠小道，路窄车少。1992 年，实施拓宽改造，两车道变为六车道，宽 50 多米。1993 年 8 月，全线贯通，全长 33 公里，从乡间道路一跃成为我国第一条县级高等级公路。2008 年 12 月，按照全线双向六车道一级公路标准，进行第二次改造，铺上了降低行车噪音的沥青路面，设置了宽约 6 米的绿化隔离带。

　　从土路到沥青路，从单线到网系，再到铁路、跨江大桥，张家港的交通经历了翻天覆地的变化。条条大路见证了张家港的高速发展，也助力张家港跻身全国百强县前列。

沙洲中路步行街

　　步行街是张家港最早的购物商圈，脱胎于大寨路。当年路面狭窄破损，空中线网交织，沿街房屋新旧不一。20 世纪 90 年代初，老一代城市规划建设者四处取经，邀请同济大学为街道规划，用三年时间，把大寨路改造成了一条集商业、文化、娱乐服务于一体的综合商业街，这也是全国县级市第一条步行街。

杨舍老街

　　杨舍老街位于张家港市中心，是港城人流量最大的地方之一。白墙青瓦、苏式楼阁、彩色灯笼、古朴的戏台牌坊、各式的美食佳肴，聚集了众多年轻人来此休闲打卡。

小城河

　　2009 年开始启动，历时三年，投入 19 余亿元，对位于市区中心的小城河区域进行综合改造，从房屋拆迁、河道整治、景观绿化、道路桥梁、配套设施等多个方面入手，将该区域打造成具有江南水乡特色，集生态、文化、商业、休闲等功能于一体的复合景观带，昔日"龙须沟"变身"城市会客厅"。2013 年 5 月，该项目获评第三批"江苏省城建示范工程"。

谷渎港

　　昔日的谷渎港是杨舍地区与沪锡虞城市相连的通道，2012年12月5日，全长960米的谷渎港北段清淤截污综合治理工程开工。改造后的谷渎港绿水廊桥，草木依依，繁花似锦，已成为市民重要的休憩之所。2021年12月，谷渎港入选江苏省首批省级水利遗产名录。

梁丰高级中学

  梁丰高级中学前身是创办于清光绪二十年（1894）的梁丰书院。1986 年，学校位于沙洲中路 22 号。1993 年 8 月，高中部搬迁至人民中路新址，命名为江苏省梁丰高级中学。2005 年 8 月，学校于国泰南路易地新建。品端成梁，学粹至丰。如今的梁丰高级中学正站在时代的潮头，为国植贤，追求卓越，以育人为使命，与时俱进，开拓创新。

香山

    香山景区位于张家港市保税区金港街道，为国家AAAA 级旅游景区、江苏省首家"文明旅游示范景区"。全山占地面积 4.37 平方公里，海拔 136.6 米，为全市之冠。这里古迹众多，有西施采香留下的采香径，苏东坡题写的梅花堂，以及令徐霞客赞叹不已的桃花涧。

天空之城

"天接云涛连晓雾，星河欲转千帆舞。"雾漫港城，城市在云雾中缥缈，若隐若现，犹如仙境。

城东新貌

　　城东是港城连接苏州、上海的门户，长途客运站、苏虞张公路、锡通高速等重要的道路、枢纽在此交会。伴随着城市的发展，这里社区云集，高楼耸立，配套商业和服务业日趋成熟，物流发达，充满了活力。

城西鸟瞰

近年来，张家港市贯彻落实绿色、环保、低碳理念，持续推进生态园林城市建设。城如花园绿意盎然，水网道路纵横交错，移步皆景美丽如画，处处呈现出迷人的江南水乡特色。

城南绿洲

　　碧水绕青城，鹭雁齐云飞。在暨阳湖的柔波里，倒映着绿树与高楼、绚丽的朝霞与多彩的生活。城南水郭相连，河道纵横，碧空如洗，空气清新，是一方安居乐业的城市绿洲。

城北望湖

　　沙洲湖是张家港市北部的一个人工湖，由一干河部分河段拓宽而成，北通长江，南接市区，是张家港市打造的首条滨河生态廊道。"滟滟随波千万里，何处春江无月明"，春秋之际，湖面清风徐来，享受月光，给予灵魂片刻的自由。这里环境优美，树木葱茏，湖水清澈，是人们漫步赏景的好去处。

万达广场

　　万达双子楼高 218 米，是目前港城最高地标性建筑，方圆五公里清晰可见。白天为人头攒动的万达广场，晚上是城市夜经济的风向标。万达广场还引进了全球顶级酒店管理公司万豪酒店，是汇聚多业态的城市大型商业综合体。

曼巴特购物广场

  矗立在步行街南侧的张家港曼巴特购物广场，是一座由百货商店、品牌店、影城、超市、综合餐饮构成的多样化商业中心。写字楼和办公楼等配套设施也带动了大量流动人口，激活了地区商业。

市政府大楼

张家港市原名沙洲县，1986 年 9 月撤县建市，以境内天然良港——张家港港命名设立张家港市。张家港市隶属于江苏省苏州市，位于中国大陆东部、长江下游南岸，东南与常熟相连，南与苏州、无锡相邻，西与江阴接壤，北滨长江，与如皋、靖江隔江相望，连续多年位居全国综合实力百强县前三名。

人民路

　　人民路，是张家港市重要的城市脊线，西起西二环，东至东二环，沿途建有学校、企业、政府机关，传承底蕴文脉，汇聚黄金商脉，鼎立机关单位，是一条城市交通的大动脉，也是港城高速跳动的发展脉搏。

建筑 筑

JIANZHU ZHI GUANG

之 光

文化中心

　　文化中心由科技馆、美术馆、城市展示馆、图书馆、文化馆、档案馆、大剧院和服务区 8 个功能建筑构成，由三个群落围合而成 10000 平方米的水面是整个文化中心的主要特点，颇得国画"计白当黑、虚实相生"之妙，同时体现江南水乡水文化的地域特色。

保利大剧院

张家港保利大剧院建筑面积 22000 平方米，分地下二层、地上五层，长 120 米，宽 68 米，总高度 30 米；由美国威尔考特顾问公司进行方案设计，上海现代设计集团进行建筑设计。剧院按照国家中等甲级剧场设计，是张家港市最高档次的文化表演场所，也是全市大型党政会议和文化艺术交流、群众集会的主要场所。观众厅设有软席座椅 1200 个。

综合展示馆

　　作为文化中心重要的展览陈列场馆，综合展示馆常年展出我市文明建设的成果，是新时代文明实践工作指导中心的重要阵地。

金港文化中心

　　金港文化中心由中国建筑研究院专家设计，用丰富的绿植配合水景形成一个开放的城市景观公园，使掩映其中的建筑犹如一朵漂浮的睡莲，体现出江南水乡的韵味。项目总面积 5.8 万平方米，包括了文化馆、少年宫、图书馆、美术馆、档案馆五大综合性场馆,是集展览、休闲、教育、观演、娱乐等多项功能为一体的综合文化建筑，也成为金港的新地标。

金茂大厦

　　金茂大厦竣工于 2014 年 10 月，建筑外立面为高档先进的 Low-e 中空玻璃幕墙，辅以金属板竖向线条，气势恢弘，极具现代气息。同时大厦底部结构加强层首次采用 C60 泵送砼技术，开创了我市应用高强砼的先例。

金城大厦

　　竣工于 2015 年 10 月的金城大厦，其精彩之处是在建筑中部营造出了一个空中花园。围绕其产生的风孔、天庭、景观电梯、休息平台等构成的空间，在满足都市现代化建筑美学的同时，更赋予其人性化、生态性愉悦，体现了对建筑物生命和品质的思考。

市民服务中心

　　处于市政府中心轴线的市民服务中心于 2011 年 9 月竣工，采用双对称布局，主体造型雄浑有力，宛如四个华冠，寓意四平八稳；建筑顶作为重要第五立面，采用"九宫格"式布局，寓意万物成亨，展现了中国文化、东方哲学之美。

法院大楼

　　位于人民东路的法院大楼，竣工于 2015 年 12 月。硬朗的线条，简约的造型，庄重中不失灵动，俊朗中散发着活力。

张家港市艺术中心

　　张家港市艺术中心（张家港市锡剧艺术馆）位于张家港市永安路 18 号，占地面积 15 亩，建筑面积 6800 平方米，竣工于 2013 年 10 月，集排练、演出、办公、仓储、宿舍等功能于一体。

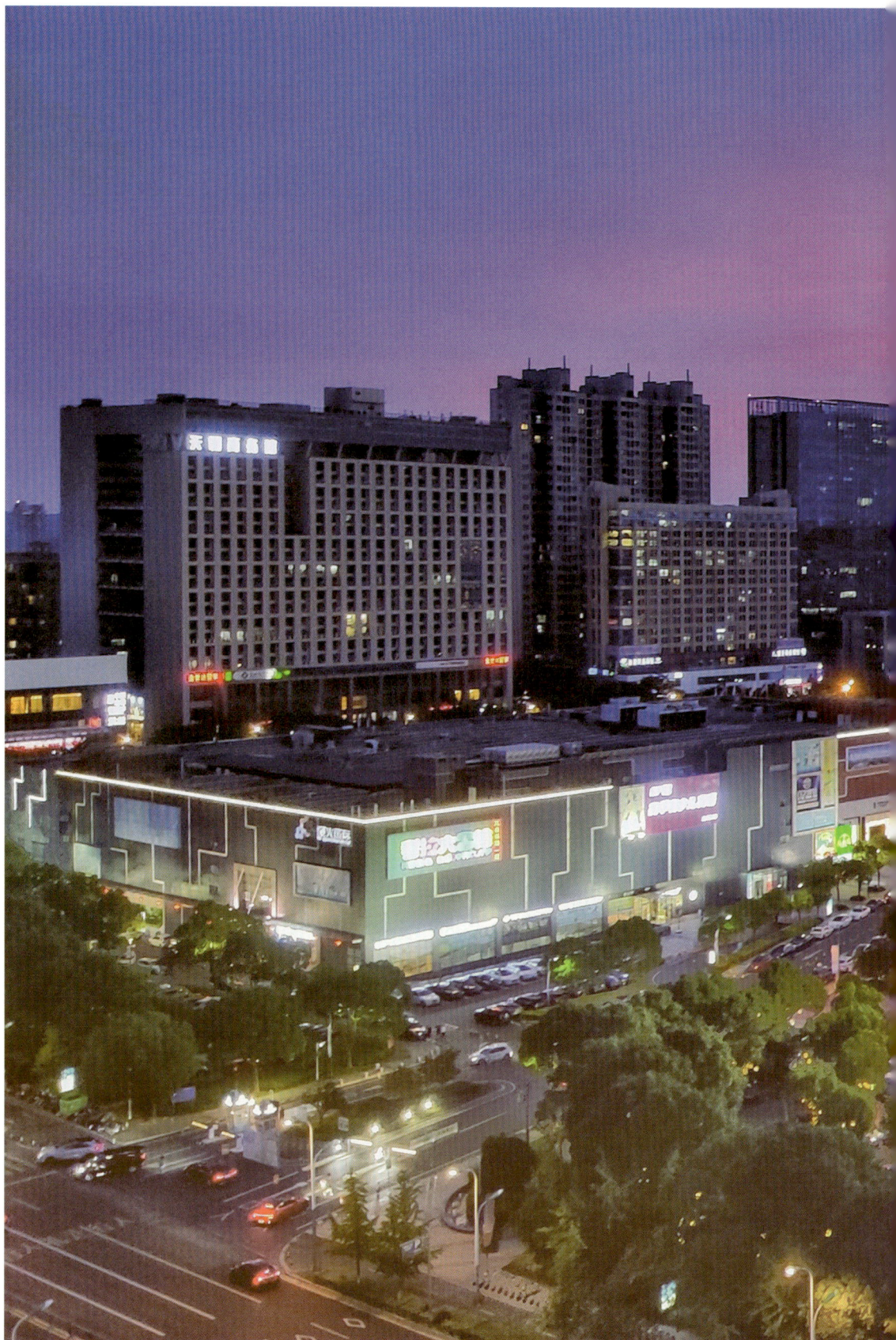

购物公园

　　作为城西商业中心的购物公园，占地 22.5 公顷，总建筑面积约 20 万平方米，由美国知名设计公司马达思班建筑师事务所担纲规划设计，荣获 2005 年德国柏林国际建筑展"商业设施推动公共环境及生态奖"。主要由 7 个单体及配套景观工程组成，将景观与商业巧妙结合，使之空间开敞，环境优美。公园引入现代商业"体验式购物"的运营理念，创导全新购物体验。

园 林
YUANLIN SHENGTAI
生 态

暨阳湖生态旅游区

　　暨阳湖生态旅游区位于张家港市区南部，是一座集休闲、娱乐、居住和度假为一体，极富现代气息，体现生态园林特色的综合性公园。规划总面积为 2 平方公里，绿地率约 90% 以上，其中暨阳湖湖体水域面积达 1000 亩。总体规划由美国 HILL 景观公司设计，控制性详规由上海同济大学承担。景区包含假日公园、假日广场、镜湖、濒水休闲区、欢乐世界等区域，获得"国家级 AAAA 景区""国家水利风景区"和"江苏省环境教育基地"等称号。

张家港湾

　　张家港湾是长江江海交汇的第一道湾，上起老沙码头，下至段山港，全长约 12 公里。在共抓大保护、不搞大开发，扎实推动长江经济带高质量发展的战略指引下，张家港人将 9 公里生产岸线全面调整为生态岸线，恢复 30 公顷芦苇滩涂湿地，构筑 140 万平方米的滨江亲水景观带，有效保护了长江口的生物栖息地，扩大了城市绿色生态空间，推动了城市内涵品质提升。"张家港湾"项目的探索与实践，是我市全面落实生态优先、绿色发展理念，科学推进长江大保护工作，抓好污染防治、环境保护和生态修复三者关系的一个缩影。

张家港公园

　　张家港公园是一座综合性城市公园，原为窑厂挖泥低洼地，2001 年建成城市公园。2017 年，我市将"张家港公园拆墙透绿改造工程"列入年度民生实事项目，总投资 2500 万元，对公园进行整体改造，拆除围墙，提升公园景观及功能。园内现有健身步道、健身路径、篮球场、运动广场、大草坪、健康小屋、童话书屋等运动、休憩设施，是市民休闲健身的绝佳去处。总占地面积为 15.12 万平方米，年接待市民、游客约 150 万人次。

沙洲湖夜色

如果说，白天的沙洲湖是"结庐在人境，而无车马喧"，那么，傍晚则是沙洲湖最热闹的时候。人们纷纷前来湖上冲浪，夜步、夜球、夜舞、夜唱、夜骑、夜遛，各得其所。大桥西北，绿树浓荫夏日长，沙洲湖畔溢书香。2022 年 7 月，还新添一座阅读好去处，即全市首个市民捐赠图书馆——沙洲湖益空间·源书房。

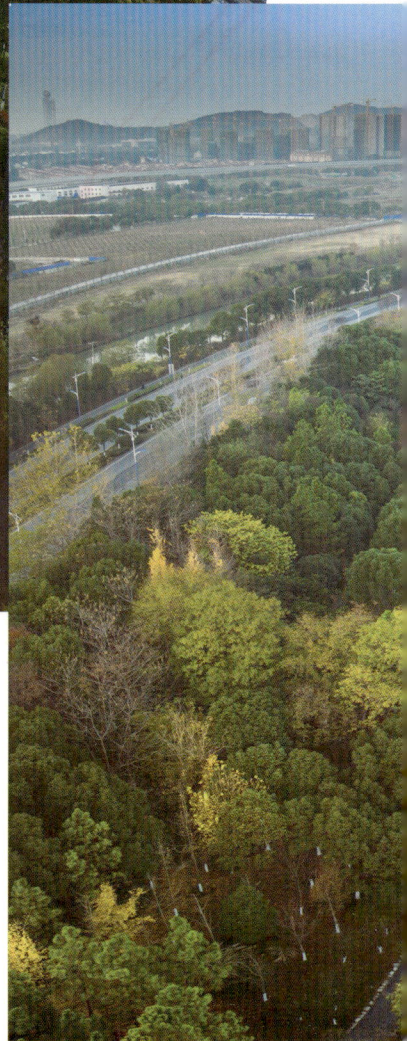

暨阳湖湿地

　　绿色生态是暨阳湖的主旋律，来到这里，仿佛进入了自然的大氧仓，碧波荡漾的湖水如一泓美丽的甘泉，滋润着城市的心田，绽放着迷人的魅力。

　　湿地占地 500 亩左右，总长度 1.6 公里，通过逐级净化、增氧、吸附、沉淀等，实现了暨阳湖水系的循环和净化，是目前国内处理层级较多、较为完备的人工湿地。

镜湖公园

位于暨阳湖西侧，毗邻湿地。湖面清澈，宛如一面镜子，令人恍然间分不清天空在水里，还是水在天空上。岸边垂柳依依，林荫小道与廊桥步道穿行于绿树掩映中，是天然的氧吧，也是亲水的乐园。

湖色

　　大自然打翻了调色板，让这抹心旷神怡的蓝色蔓延，安静的湖水便有了新的颜面。随着音乐翩翩起舞的喷泉，像展翅欲飞的白鹭，动静之间，动心，动情。

梁丰生态园

　　梁丰生态园总面积约 1000 亩，总投资 3 亿元，2006 年 5 月 1 日开园。公园突出生态自然，依托水、石、树、草地、建筑等载体，是一个具有现代园林特色和浓郁文化氛围的综合性免费城市公园。2017 年进行了社会主义核心价值观主题改造，主要利用温室改建成藏书 9000 余册的省级最美阅读空间——森林书屋，利用盆景园改造成为提供老年人文化健康的敬老文化园。2018 年推进苏州市体育公园建设，建设了 4 公里的智能健身步道、1.3 公里的塑胶步道、户外标准化 8 人制足球场，还有篮球场、网球场等，全部免费开放，年接待市民约 250 万人次。

黄泗浦公园

　　1000 多年前，"黄泗浦"三个字，代表的是通江达海的干河，是鉴真大师第六次成功东渡的地方；10 年前，提到它，只是附近居民家门口的一条小河；而如今，它代表的却是一座山清水秀、鸟语花香的生态园。

　　黄泗浦生态公园核心面积 4.7 平方公里，以"城市绿肺，心灵家园"为目标，在保留原始地形地貌的基础上，构建了传扬本土文化的景观节点，保留原有绿林灌木，按植物风貌形成梅花山、桃花岛、海棠岛，营造了四季分明、处处有景、优美和谐的植物景观意境。

一干河生态廊道

　　走在清水走廊般的一干河边，眼前所见，仿佛"青山不墨千秋画，绿水无弦万古琴"。南起市区人民路，北至长江口，全长 13.4 公里的一干河，从 2012 年开始就作为全市首条滨河生态走廊精心打造。近年来，围绕"民俗、体育、休闲"三大元素，统筹规划，创新思路，结合沿线生态景观建设，为美丽港城增添了浓墨重彩的一笔。

翠峦拂晓

　　穿行在薄雾的山路，清晨的露珠陪你一起迎接着朝霞。翠绿的山涧里，鸟鸣如洗，绿叶婆娑，宛若置身画中，做着一个醒着的梦。

香山梅岭

　　这里有水质如镜的香山湖和"雪海波千顷"的万株梅园。趁良辰"梅"景，踏青赏梅，到熟悉的地方重温风景是市民朋友的一大兴趣。春来梅岭走走，你就会知道，"春水碧于天"是什么景象了；冬来山林寂静，雪落无声。"风起的日子笑看落花，雪舞的时节举杯向月，这样的心情，这样的路，我们一起走过"，歌词里写的也就是这些可遇不可求的美好时刻吧。

双山岛

"慢岛双山，伴乐入眠"，花园、民宿、露营、烧烤、高尔夫球场、马拉松赛道、飞行营地、渡江胜利公园，尽在长江明珠双山岛。岛上滩涂湿地面积约 4 平方公里，堤坝内面积 16 平方公里，环岛岸线全长 16.8 公里。

岛上环境幽雅，空气清新，冬暖夏凉，保留了恬静古朴的自然风光和良好的生态环境，以农业为主，无工业污染。它是长江中下游地区原始生态环境保持最完好的岛屿之一，具有较高的旅游开发价值。

凤凰山

凤凰山古称河阳山，位于港口、凤凰、西张三镇交界处，山体由西而东走向，犹如丹凤展翅。凤凰山被寓为"桃花故乡、山歌摇篮"，山上树木葱郁，景色秀丽；山坡辟有成片桃园，出产的水蜜桃汁多鲜甜，颇有盛名。"南朝四百八十寺"之一的永庆古刹就坐落于此。

民 生
实 事

MINSHENG SHISHI

第一人民医院科教楼

科教楼竣工于 2018 年 12 月，通过对建筑体量的划分，弱化对相邻建筑的影响。在立面风格上结合现有建筑立面手法，飘板、水平带形窗有机组合，使新旧建筑高低错落，疏密相间，共同演奏出丰富而有序的建筑空间乐章。

第四人民医院（康乐医院）

2016 年 12 月竣工的康乐医院一改传统综合医院"鱼骨单轴"的功能结构，形成门诊、住院、医技三大功能三角布局的新颖思路。采用多层建筑，形成相对集中的建筑群，让住院期普遍较长的患者更易感知四季的变化、昼夜的交替，更好地贴近自然环境。

东城社区卫生服务中心

于 2021 年 11 月竣工，在有限的用地条件下打造了丰富的景观资源，营造了不同的庭院景观，注重建筑底层的视觉通透性和各部分使用功能对自然光线及自然通风的利用，将整个绿化连为一体，形成完善的绿化景观网络。

公安局业务技术用房

  2021 年 12 月竣工，按绿色二星设计标准设计，景观绿地以乡土植物为主，绿化覆盖率大于 70%。照明灯具分区控制，公共部位选配节能延时开关控制或节能自熄开关控制。

沙洲职业工学院

　　沙洲职业工学院（张家港市职业技能实训基地）总投资 11.7 亿元，总建筑面积 23.4 万平方米，于 2014 年 8 月竣工。本项目注重节材与材料资源的利用，建筑单体造型简约，其总造价远低于工程总造价的 5‰。建筑采用高强度钢筋，基地内除图书信息楼建筑高度超过 6 层外，其余均为 6 层以下，图书馆采用 HRB400 级及以上钢筋的比例达到 98.79%。所有混凝土均采用预拌混凝土，土建与装修一体化设计、施工，避免装修施工对已有土建结构的破坏。项目获得绿色创新奖、整体绿色二星设计标识、图书馆三星设计标识，单体"扬子杯""姑苏杯"等一系列奖项。

沙洲中学北校区

　　北校区于 2022 年 7 月竣工交付，其各功能体在满足使用、互不干扰的同时，设有"庭院空间"和"交流联系廊道"，体现了建筑的集约性，打破了传统的教学与生活截然分开的模式，便于资源共享和学习交流。

凤凰高级中学

　　2021 年 8 月竣工，整个校园传承苏式建筑的特点，打造园林式风格，充分彰显江南水乡的地域文化，汲取中国传统书院建筑的格调，采取现代建筑的构图手法，以古韵今风勾勒出素雅而又生机勃勃的山水人文情怀。

第四水厂

第四水厂日供水能力 60 万立方米，采用"常规处理 + 超滤（微滤）+ 纳滤"处理工艺，一期、二期工程分别于 2005 年 8 月和 2008 年 8 月建成投产，扩建工程和深度处理改造工程分别于 2021 年 11 月和 2022 年 8 月建成投产，深度处理率达 100%，保障全市市民饮用到优质水。

青草巷农副产品批发市场

　　张家港市青草巷农副产品批发市场建设总投资 6.28 亿元，用地面积 387 亩，建筑面积约 15 万平方米，2014 年 9 月竣工并交付使用。市场设有冷冻品、水产、蔬菜、家禽、鲜肉、副食、粮油、水果、日用百货等交易区，商铺（商位）逾千家，配套有农副产品检测中心、客户服务中心、信息中心、安全监控中心、电子结算中心、消防控制中心及万吨级冷库、综合楼、商业街等。

城南老年活动中心

　　位于河西南路的市老年活动中心城南分中心，为一栋苏式建筑综合体，于 2018 年 10 月交付使用，具有典型的江南民居风格。中心设有舞蹈房、保健室、体感运动室、影音室、阅览室等能满足老年人多层次需要的功能室，还不定期组织各类公益讲座和丰富多彩的活动，吸引周边老年人来这里"报到"。

长春园书场

　　长春园书场始建于清朝同治年间，距今已有一百多年历史。1996 年，长春园被登入"评弹文化词典"名录。2005 年 10 月易地重建，2006 年 11 月投入使用。长春园书场是集评弹书场、展示、艺术交流、排练厅、票友室等功能为一体的综合性评弹艺术场馆，是江浙沪地区面积最大、档次最高、功能最全的评弹书场。

老旧小区增设电梯

　　为适应经济社会发展和人口老龄化的需求，2018 年以来，我市积极推进既有多层住宅增设电梯工作，进一步改善住房品质，提高居住质量，提升群众幸福指数。

口袋公园

　　2020年以来，张家港市通过对城区街头转角、老旧小区周边闲置地、"边角地"及"废弃地"开展绿化提升改造，建设一批小巧精致"口袋公园"，并依托"公园+"模式，对"口袋公园"进行文化延伸、功能完善、科技赋能，因地制宜、因民所需地建设独具特色的"口袋公园"，满足市民需求、活化城市有机体、激活城市更新。

健身步道

　　健身步道与一般道路在路面颜色、材质等方面有明显区别，一般由能保护锻炼者的特殊材质铺设而成，并在步道路面及周边设有里程标识、健身指南标识及其他健身设施等，行走时无大灰尘、无碎石块，路面不积水，让游客在城市氧吧跑步的同时，能够欣赏优美的景色，从而身心愉悦。

春到谷渎港

改造后的谷渎港每到春天，就美成了网红河，两岸都是为樱花而来的追花人。一树一树的樱花迎风怒放，花团锦簇，似雪非雪，比雪柔美，比云纯洁，不惧风雨，不管阴晴，就像歌里唱的："我想要怒放的生命，就像飞翔在辽阔天空……"

园林路"美丽"小巷改造工程

　　2021 年实施，改造道路长度约 780 米，面积约 12870 平方米。项目融入"美丽宜居城市""生态宜居街区"理念，采取"软硬兼施"的方式："硬"的方面，对原混凝土路面进行黑色化改造，优化人行道（盲道）设置，增加停车泊位，疏理整治沿路架空管线，对部分路段雨污水管网进行扩容；"软"的方面，融入海绵城市建设理念，对街角绿地、游园进行海绵化改造，运用透水砖、透水混凝土等多种透水铺装，让道路会"呼吸"，有效控制道路和周边区域雨水年径流总量，削减面源污染。

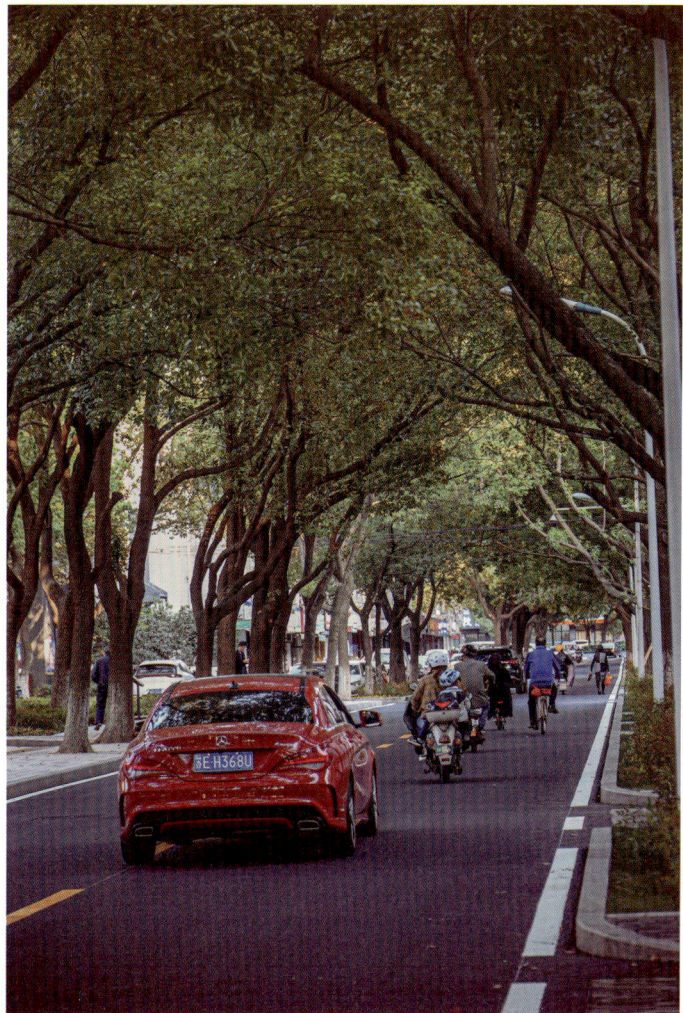

梁丰路海绵化改造工程

　　2020 年实施，改造涉及道路全长 400 余米，改造面积 11160 平方米。项目因地制宜采用钢渣透水沥青、钢渣透水砖、生物滞留带、雨水花箱等海绵设施，实现了道路"小雨不湿鞋、大雨不内涝、雨水不直排、景观有改善"的建设目标，达到了对 15900 平方米区域年径流总量控制率 88%、面源污染削减率 65% 的海绵城市建设指标，成为全市首个老城区市政道路海绵化改造示范项目、苏州市第一条钢渣透水沥青混凝土道路。

通 江
达 海
TONGJIANGDAHAI

要意义。

沪武、通锡高速互通

沪武高速（原沿江高速）公路于 2000 年开工建设，2004 年建成通车，结束了张家港境内无高速公路的历史。通锡高速（锡张段）于 2010 年 11 月建成通车，2020 年 7 月北接沪苏通长江公铁大桥。作为南通及苏北沿海城市与苏州、无锡间的快速公路过江通道，对促进长三角地区一体化发展具有重要意义。

沪苏通长江公铁大桥

　　沪苏通长江公铁大桥于 2014 年 3 月开工建设，2019 年 9 月实现主跨合龙，2020 年 7 月 1 日正式开通运营。"一桥飞架南北，天堑变通途。"这一天，张家港人的朋友圈，一半在南通，一半在上海，通江通海通上海，尽享"一小时都市生活圈"。大江两岸，新的希望在奔腾。

沪苏通长江公铁大桥

　　沪苏通长江公铁大桥位于苏通长江公路大桥上游、江阴长江公路大桥下游，跨越长江江苏段。采用主跨 1092 米的钢桁梁斜拉桥结构，是世界上首座超过千米跨度的公铁两用桥梁。大桥全长 11.072 千米，大桥上层为双向六车道高速公路，设计速度 100 千米／小时，下层为双向四线铁路，设计速度 200 千米／小时（通沪铁路）、250 千米／小时（通苏嘉甬铁路）。大桥工程总投资约 150 亿元。

张家港港口码头

"八月长江万里晴，千帆一道带风轻。"壮美的长江流经张家港，蓝天映衬着碧波，海鸥追逐着巨轮，江尾海头涌现的是赶潮人的追求与底气。张家港港地处长江下游南岸，是长江第一批对外开放港口，东距上海吴淞口144公里，西离南京222公里，南以苏州、无锡、常州三市及所属12市县城镇群体为依托。拥有万吨级泊位13个，系船浮筒12个，内河港池一座。港口岸线顺直、河床稳定、水域开阔、不冻不淤，与世界上140多个港口有货运往来。长三角腹地通过港口进出的主要货种有煤炭、金属矿石、钢铁、矿建材料、水泥、木材、非金属矿石、化肥、农药、粮食等十大类。

张家港高铁站

　　1908 年，苏州有了第一条铁路。2020 年，张家港迎来和谐号，开启"高铁新时代"。7 月 1 日，沪苏通铁路一期以及沪苏通长江公铁大桥正式开通运营，张家港站同步开通运营。

　　沪苏通铁路是国家"八纵八横"高铁网沿海通道，也是京沪第二通道的重要组成部分，北起南通市，经张家港市、常熟市、太仓市，最终到达上海市嘉定区，一期线路总长 137.48 公里，设计时速 200 公里。全线设 9 个车站。张家港站是沪苏通铁路、通苏嘉甬铁路和江苏南沿江城际铁路三线交会的枢纽站。时代的站台上，总有一列驶向美好生活的列车，等待港城奋斗者的搭乘。

港城大道

    港城大道作为张家港市贯穿南北的主干道，随着生态景观步道项目的深入推进，道路两侧已成为市民多元化的休闲空间。一年四季，香樟繁茂青翠，红叶缤纷妩媚，银杏璀璨金黄。在四季景观植物的基础上，通过叠加栈道、凉亭和灯光等元素，营造了充满诗意的城市意境。

沙洲西路

　　经历十几年的开发，沙洲西路两侧聚集了众多写字楼、购物中心、酒店及高档住宅，成为城西的商业中心。随着城市的不断发展，沙洲西路也继续向西延伸出西二环，一个个大型社区拔地而起，令这条路越来越繁荣。

美丽
MEILI XIANGCUN
乡村

阡陌田园

"稻花香里说丰年，听取蛙声一片。"阡陌交错的农田生机勃勃，这是农民手绘的绿色画卷，蕴含着丰收和幸福的期盼。

锦丰新貌

　　位于锦丰镇合兴社区的大南水街，已成为当地新农村的核心商圈，整体建筑为苏式园林风格，周围环绕着多个大型住宅小区，村民的生活环境已然与繁华的城市无二。

长江村

长江村位于金港街道内，从"一根导轨"的升级迭代，到"一粒良药"的跨界转型，这朵"长江名花"书写着新时代高质量发展的"长江答卷"。区域内殷家埭、汤家埭、坛埭是集长江文化、花林成景、田园颐养于一体的江苏省特色田园乡村。村庄以"五维"党建品牌为引领，以率先发展民企为先机，以工业反哺农业为典型，以郁金香资源为特色，书写着乡村振兴的别样答卷。

永联小镇

在永联小镇，农业农村现代化展露现实模样。走进永联，成片楼房错落有致，乡村景色别具韵味，江南美食香气扑鼻，休闲景观数不胜数，这里是盛名远播的"中国最具魅力休闲乡村"之一，是集旅游观光、休闲度假、美食购物、会议商务等功能为一体的江南乡村深度生活体验地。

丰收

　　金色的麦浪，是喜悦的颜色。住进高楼的村民
打造着现代农业，日子过得比蜜还甜。

凤凰新貌

　　凤凰湖生态公园位于凤凰山国家 AAAA 级景区内，湖区水面 300 多亩，湖边修有环湖公路和步行栈道。湖区建设以文化为引领，以生态为理念，集历史文化传承、自然资源整合、优美生态打造于一体，形成了陶然山水、凤堤漫步、野境湿地等人文胜景。

金色金村

　　绿水环抱里的金村是一个具有上千年历史的文
化古村，保存有一批明清、民国旧建筑，"井"字
形的小街深巷随处可见。

园茂里

　　园茂里是一座典型的清代风格建筑，曲尺形状，穿斗式砖木结构。作为曾经的金村党支部所在地，这里承载了一段光辉的革命岁月。而今的园茂里不仅是张家港市第五批文物保护单位，更是张家港市党建历史教育基地和青少年爱国主义教育基地。

薄雾中醒来的农民新居

金村农民新居,延续了江南地域传统特色,是典型的江南民居,白墙黑瓦,布局紧凑,功能适宜。临近古村落核心保护区,古今辉映,成为新时代古韵新村。

恬庄古街

　　恬庄传承"河阳文化"文脉源头，是集传统居住、文化旅游、商业休闲和农耕体验于一体的江南水乡名村。明清或民国时期的民居依水而建，无不彰显着"非遗大镇"的文脉特色，同时，其尚未商业化的古朴静谧，更与"恬淡安适"的精神内核不谋而合。

鸷山

　　鸷山位于张家港市凤凰镇西南，与凤凰山呼应，有所谓"前凤后鸷"之说。"中新·鸷山桃花源"景区设立于此，项目秉承"保护性开发、文化传承、乡村振兴"的开发理念，规划先行，结合鸷山特有的自然资源，打造"一水双轴"的新唐风景观。

常阴沙花海

　　"花海"位于常阴沙常兴社区青年圩(江苏省特色田园乡村)内，总面积 1000 余亩，核心区 240 余亩，享有"苏南第一花海"的美誉。花海内设有木栈道、眺望塔、滑索滑道、儿童乐园、咖啡屋、农耕科普区、农耕实践区、共享菜园等，游客可穿行于花海中，感受微风拂过，花浪滚滚，在花开之时赴一场童话般的"约会"。

肖家巷

　　肖家巷位于国家 AAAA 级凤凰山旅游风景区内，是集美食文化、非遗文化、河阳文化于一体的江苏省特色田园乡村。村庄内山水、田园、果茶、文化相得益彰。村庄内拥有河阳山歌、菊花酒酿制技艺等 19 项各级"非遗"和吴歌人家、凤栖梧等 9 家农家乐。成片的马鞭草、粉黛乱子草花海如梦似幻，凤凰豆腐干、桃园鸡等更是引领着"河阳美食风尚"，是一处"珍馐十里飘香，乡风百年悠扬"的河阳田园非遗村。

善港村

善港村位于张家港经济技术开发区（杨舍镇）西大门，村区总面积 9.07 平方公里，以传统产业为基础，以发展现代农业为支撑，经济社会协调发展。近年来，乡村建设成绩突出，船坞里村庄被命名为"江苏省特色田园乡村"。

永兴村朱家埭

　　永兴村位于"江海交汇第一湾——张家港湾"特色精品示范区内，是登上央视荧屏的"最美江村"。村庄内郁郁葱葱的忆乡林，凝结着乡亲的乡愁记忆；古色古香的明清园，散发着悠久的历史底蕴；独具特色的农家餐馆，充斥着浓郁的人间烟火；地下交通线的红色文化，涵养着不懈的奋斗精神；蜿蜒交错的木质栈道，隐匿在成片的芦苇荡中，走在乡间小路，感受江畔田园"小隐隐于野"的静谧。

朱家宕村蔡港

朱家宕村位于后塍街道内，区域内的蔡港是融花卉世界、田园乡厨、垂钓慢活、农事体验、定制餐饮为一体的江苏省特色田园乡村。村庄以蔡港千年历史为底色，用果林改善生态，以生态承载旅游，以旅游激活产业，以产业带动就业，改造的"田园书房"展示着村庄变迁史及传统文化。村庄依托高铁为背景，营造乡村旅游示范区，成为城乡互融新典范，实现人文田园新景象，展现着新时代铁路沿线的精神风貌。

中山村

　　中山村位于大新镇内，区域内伏兴三圩埭、四圩埭是一处集精致乡村生活、生态农业观光、民俗文化体验、田园休闲度假于一体的江苏省特色田园乡村。村庄内步步成景、处处如画，"稻花乡俚"中呈现着火红景象，共享菜园里生长着蓬勃希望，田园学舍内传承着村庄文化，彩虹步道上弥漫着绚烂梦幻。这个"梦之江南 · 田园中山"的理想村，正在乘着乡村振兴的东风悄然蜕变。

工 匠

GONGJIANG ZHI XIN

之 心

建设者组图

　　他们迎接着这座城市的第一缕朝霞，一砖一瓦，一草一木，在他们的手里变成一幅幅美妙的画卷。城市，在他们的智慧和汗水里生长、壮大。港城的建设者们，以工匠之心建造品质，以奋斗之姿迎接未来。

| 交响乐

空中漫步

| 音符

| 工地奏鸣曲

❙ 笃定的身影

专注

礼赞

韵律

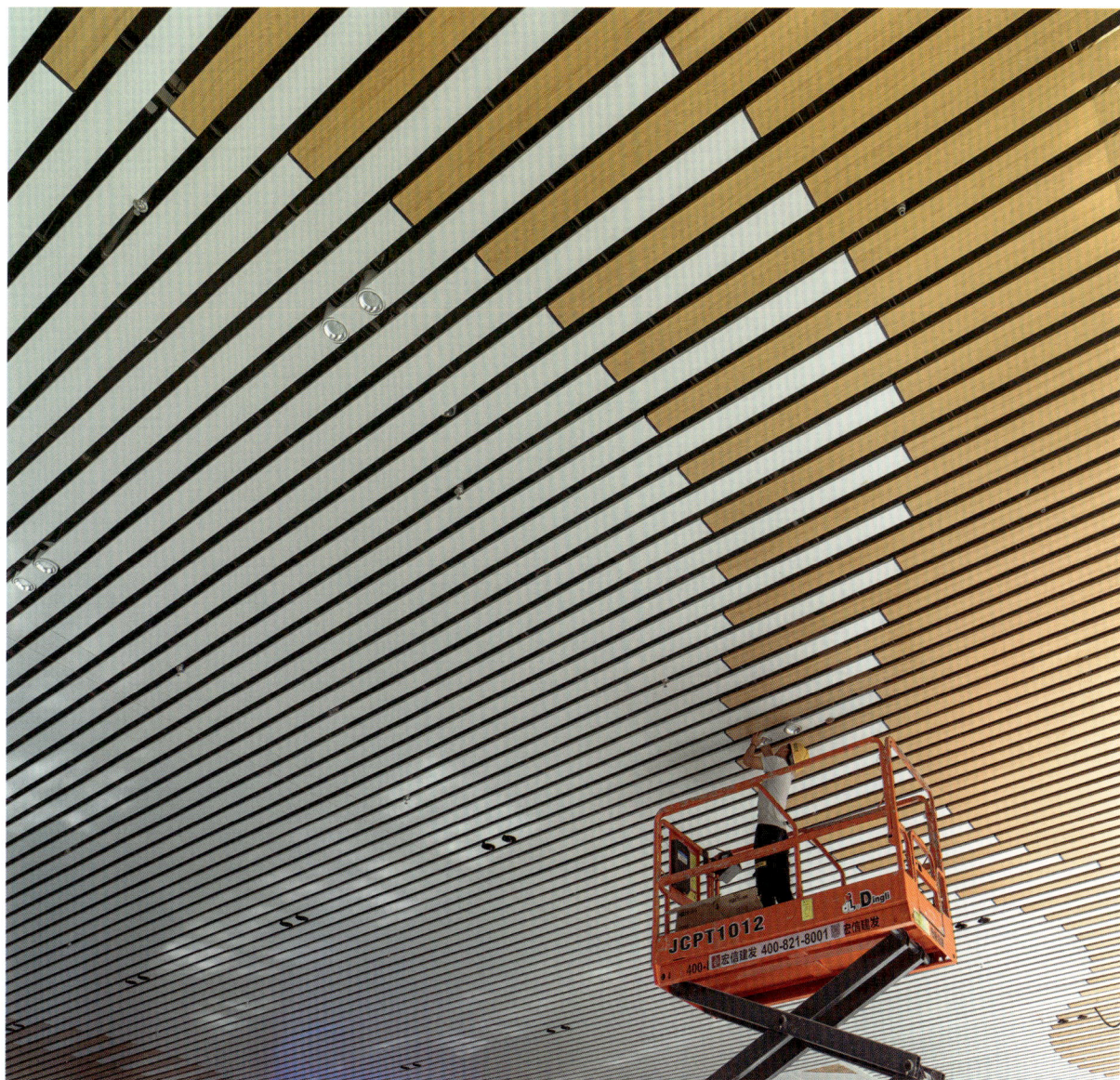

筑梦港城·献礼张家港建（县）市六十周年

脚手架上的舞蹈

汗流浃背

瞄准

空中连接

创新
CHUANGXIN YINLING
引领

城建档案馆项目（全装配技术）

采用全装配式技术，地上所有混凝土构件均为预制构件。项目全方位融入超低能耗、绿色建筑的理念，将地源热泵、太阳能光伏发电、光导管系统和雨水回收系统等多个系统集成一体，大幅减少使用耗能。先后获评"姑苏杯""苏州市建筑产业现代化示范工程""江苏省被动式超低能耗示范工程""绿色建筑运行三星建筑"。

云盘小学悦丰校区项目（钢结构装配）

　　创新整体设计、运作模式和技术手段，是张家港首个成功试点钢结构装配的公建项目。教学楼和行政综合楼主体结构全部采用钢结构（箱型钢柱+H型钢梁），楼板采用35厚的预制PK板加95厚的现浇叠合板，外墙采用改良后的混凝土夹心保温一体板（200厚），内墙为ALC轻质墙板。施工现场主要工作是装配，采用此技术，降低了施工强度，省去了砌筑和抹灰等工序，现场施工效率比传统施工方式大大提高，更减少了扬尘和噪音，施工环保。

梁丰高中创建江苏省高品质示范高中项目（BIM技术全过程应用）

　　2022 年 7 月交付使用。体育馆屋面采用大跨度钢结构及铝镁锰板屋面，轻型耐久且经济环保。工程综合楼主体包含预制叠合板、蒸压加气混凝土轻质墙板等预制构件，"三板"装配率达 60％。项目先后获江苏省建筑业新技术应用示范工程目标项目、苏州市质量奖、张家港市市长质量奖、江苏省施工标准化二星工地、江苏省住建厅"云观摩"工地。

智慧住建平台

张家港智慧住建平台以"一中心、两门户、三平台 +N 应用"的平台架构，通过整合张家港市住建领域 32 套业务系统，实现城乡建设、建筑行业、智慧工地、住房管理、市政园林和城市大脑 IOC（住建版块）等住建业务全覆盖、全领域、全过程的智能化综合监管。

智慧物业

GIS

智慧工地

1个数据中心

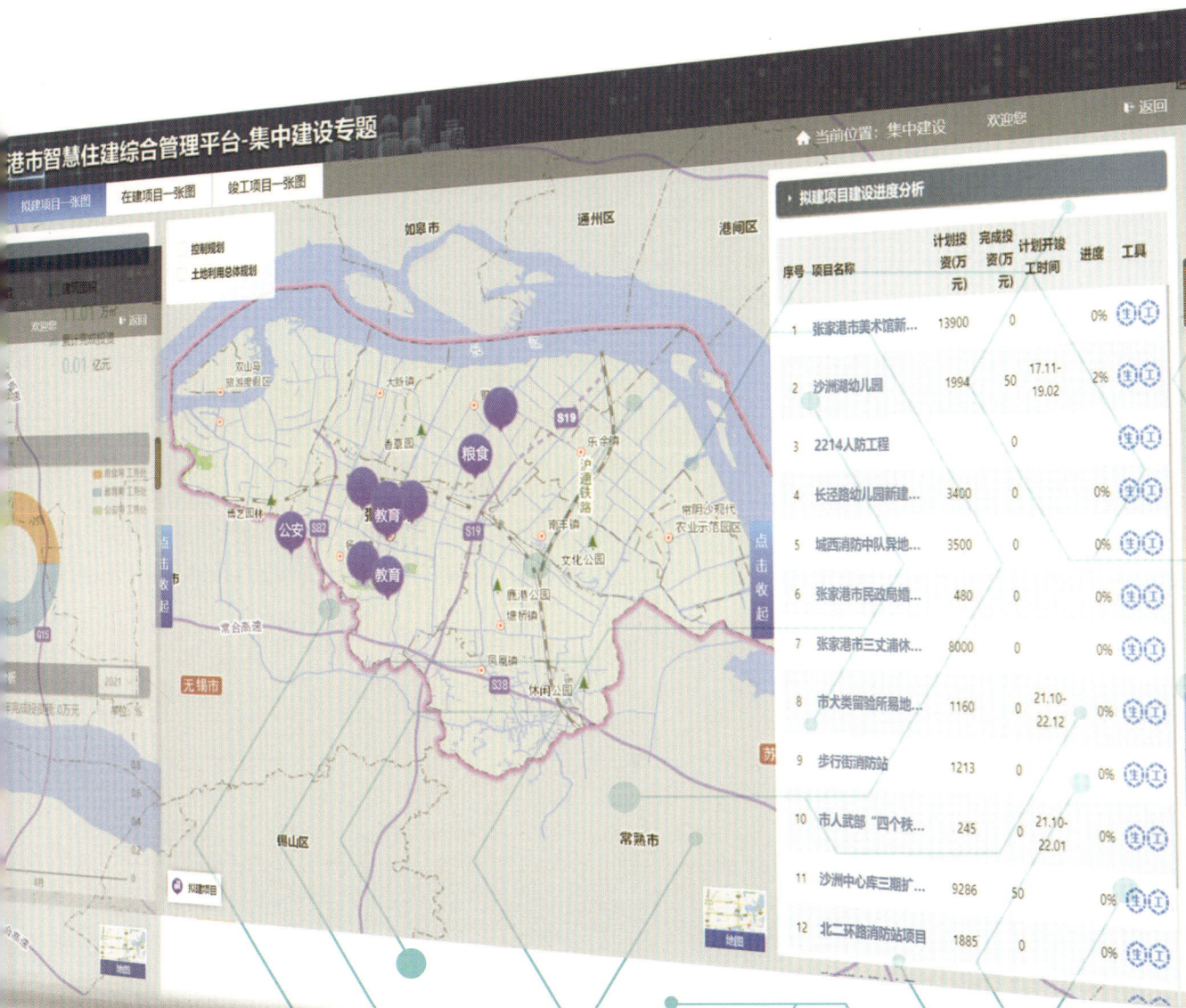

港市智慧住建综合管理平台-集中建设专题

拟建项目一张图 | 在建项目一张图 | 竣工项目一张图

当前位置：集中建设　欢迎您　　返回

控制规划
土地利用总体规划

拟建项目建设进度分析

序号	项目名称	计划投资(万元)	完成投资(万元)	计划开竣工时间	进度	工具
1	张家港市美术馆新…	13900	0		0%	
2	沙洲湖幼儿园	1994	50	17.11-19.02	2%	
3	2214人防工程	0				
4	长泾路幼儿园新建…	3400	0		0%	
5	城西消防中队异地…	3500	0		0%	
6	张家港市民政局婚…	480	0		0%	
7	张家港市三丈浦休…	8000	0		0%	
8	市犬类留验所易地…	1160	0	21.10-22.12	0%	
9	步行街消防站	1213	0		0%	
10	市人武部"四个秩…	245	0	21.10-22.01	0%	
11	沙洲中心库三期扩…	9286	50		0%	
12	北二环路消防站项目	1885	0		0%	

N个应用

2个门户

MIB